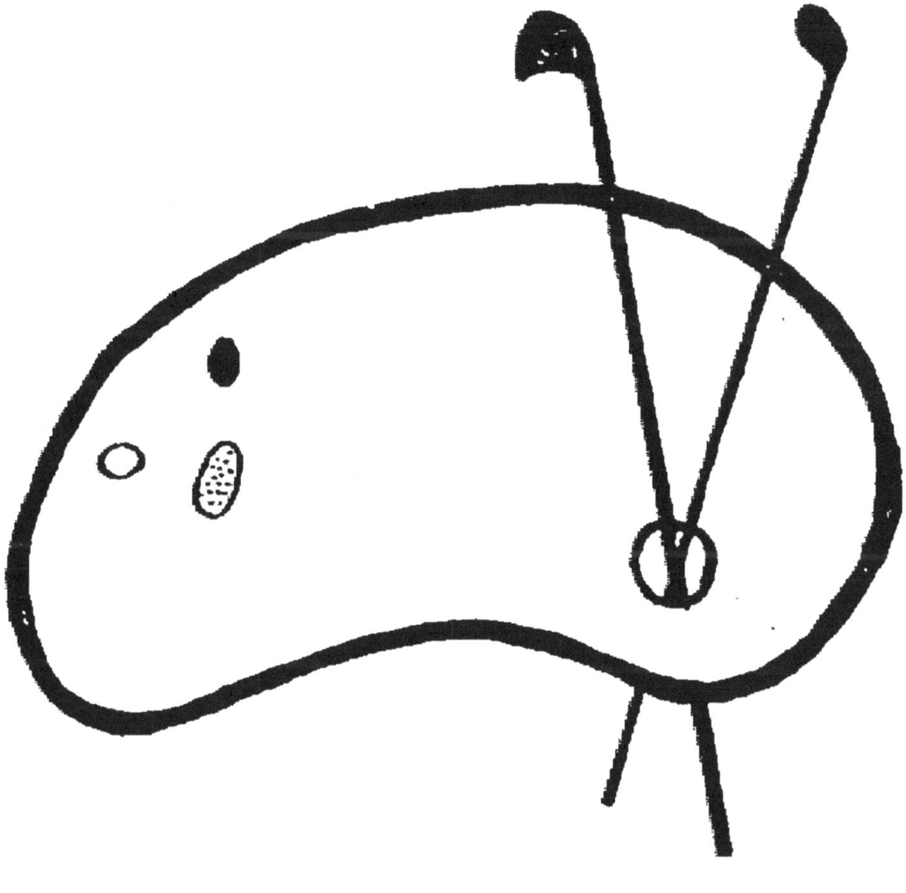

DEBUT D'UNE SERIE DE DOCUMENTS
EN COULEUR

(Conserver la couverture)

ALHAMBRA-CONCERT

LES
AMOURS
D'UN POTACHE

Revue locale en 2 actes et 5 tableaux

De MM. René DEMESSYNE et A. DEVALAR

Musique arrangée par M. SAINT-SERVAN

| Le Compère : | La Commère : | Le Chanteur des rues : |
| M. DEVALAR | Mlle LUXEUIL | M. MOTHU |

Prix : 30 centimes

ANGOULÊME
IMPRIMERIE CHARENTAISE G. CHASSEIGNAC
REMPART DESAIX, N° 15

ALHAMBRA – CONCERT

TOUS LES SOIRS

SPECTACLE VARIÉ

Matinées les Dimanches et Fêtes

Entrées : rue du Sauvage et impasse d'Austerlitz

GRAND

Café de la Paix

Place de l'Hôtel-de-Ville

Consommations de 1er Choix

BRASSERIE DE STRASBOURG

MACHENAUD-RHODIUS et Cie

DE MONTULÉ

Successeur

BIÈRES BRUNES ET BLONDES

BIÈRES DE CONSERVE

GRANDS VINS MOUSSEUX

"Champagne"

"Fraises Mousseuses"

"Royal Monbazillac"

EUGÈNE BOYER & Cie

BERGERAC

RESTAURANT

DESPLAT

9, place des Halles-Centrales

DÉJEUNERS ET DINERS A LA CARTE

PRIX MODÉRÉS

La Maison prend des pensionnaires

Axiôme à méditer par les naïfs et les inconscients :

Le Juif est le Cancer national.

Voyez : Krachs, trahisons, corrupteurs, accapareurs; etc., etc., etc., etc..............

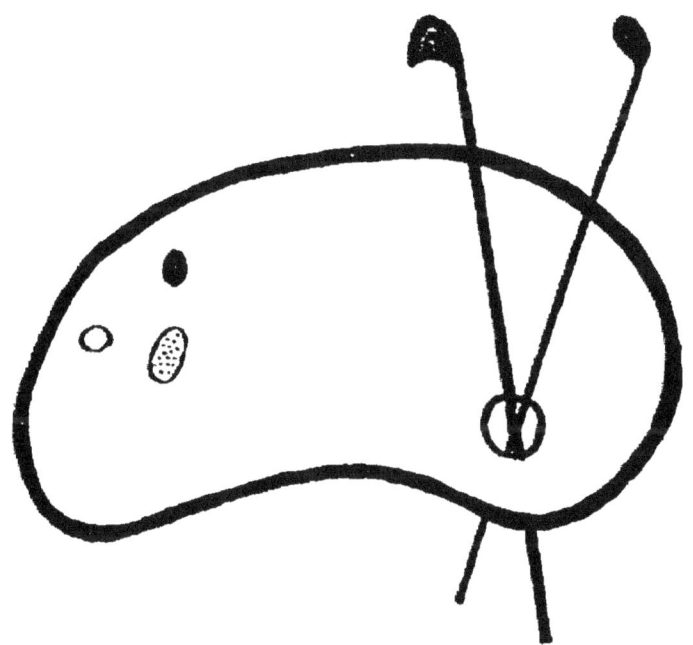

FIN D'UNE SERIE DE DOCUMENTS
EN COULEUR

COUPLETS DE LA REVUE

Couplets du Compère et de la Commère.
Chantés par M. DEVALAR et Mme LUXEUIL.

Air : *Mam'zelle Nitouche.*

Le Compère. Excusez-moi, Mademoiselle,
　　　　　　D'oser à vous me présenter
　　　　　　Dans cette maison solennelle
　　　　　　Où potach' dut n'entrer jamais !
　　　　　　Car je n'suis qu'un pauvre potache ;
　　　　　　Je n'ai pas encor de moustache :
　　　　　　Et, pourtant, devant vous disparaît ma
　　　　　　　　　　　　　　　　　　[terreur,
　　　　　　Car pour vous déjà bat mon cœur
　　　　　　Captivé par l'amour vainqueur !
La Commère. Bien volontiers je vous pardonne
　　　　　　D'oser à moi vous présenter,
　　　　　　Puisque vous êtes la personne
　　　　　　Pour qui déjà mon cœur battait ;
　　　　　　Et je bénis le sort prospère
　　　　　　Qui me donne en vous un compère.
　　　　　　Si vous voulez, tous deux, nous verrons
　　　　　　　　　　　　　　　　　　[tour à tour
　　　　　　Angoulême et ses alentours,
　　　　　　Sans oublier tous ses faubourgs !

Duo du Compère et de la Commère
Chanté par M. DEVALAR et Mme LUXEUIL.

Air : *La Mascotte.*

La Commère. C'est la premièr'fois que j'te vois ;
　　　　　　Mais je sens que de toi j'me toque !
Le Compère. Et moi, Maud, lorsque j't'aperçois,
　　　　　　Mon petit cœur bat la breloque !

La Commère. Si tu veux m'aimer, mon chéri,
    Je serai ta petite femme ;
Le Compère. Pour moi, déjà, mon cœur est pris :
    Je t'appartiens, ô ma chère âme !
La Commère. Je t'aim'bien, mon gros rat !
Le Compère. Je t'ador', mon p'tit chat !
La Commère. Pour toi je ferai : miaou ! miaou !
Le Compère. Et moi, je t'embrasserai !
La Commère. . . . . Mais
    Jur'-moi de m'être fidèle ;
Le Compère. J'te l'jure, ô ma belle !
La Commère Moi je te ferai : miaou ! miaou !
Le Compère. Et moi, je t'embrasserai !

Chœur des Journaux

Chanté par Mlles Marie de Murçay, Graziella,
GABRY, et DUBERRY.

Air : *Chouette.*

Ensemble. Puisque vous réclamez la presse,
    Nous voici : nous accourons tous !
    Car nous ignorons la paresse,
    La presse allant partout !

La Charente. Mon rédacteur, je l'avoue sans mystère,
    Fut jadis rédacteur au *Temps.*

Le Matin. Moi, le *Matin*, à mes clients pour plaire,
    Je vais prendre un format plus grand.

L'Impartial. Moi, je suis jeun' ; mais les âmes bien
        [nées
    N'attendent pas le nombre des années.

L'Avenir. Pour moi, mon nom signifie : « Espé-
        [rance. »
    En l'*Avenir* j'ai confiance !

    (*Reprise du chœur*).

Couplets des Halles

Chantés par Mlle LYNDA.

Air : *Les Halles.*

Venez chez moi, vierges,
Et vous, demi-vierges,
Loin de vos concierges,
Régaler vos yeux !...
Pour flairer mes roses
Et flirter sans pose,
Loin des gens moroses,
Accourez, Messieurs !
Sous mon hall immense,
Vrai lieu de plaisance,
C'est une abondance
De gentils minois :
Où, bonne à tout faire,
Timide ouvrière,
Patricienne altière,
Vont en tapinois !

J'ai fraises, groseilles,
Chicorée, oseille,
Cerises vermeilles ;
Jaunes abricots ;
Des crabes informes,
Des homards difformes,
Des saumons énormes
Et des maquereaux !
Enfin j'ai, Mesdames,
Tout ce dont les dames
Pour le corps ou l'âme,
Peuv'nt avoir besoin.
C'est pour ça qu'on m'aime ;
Car j'suis d'Angoulême
Le ventre..... et suis même
  L'idéal serein !

Couplets du Jardin-Vert

Chantés par Mlle FAELLY.

Air : *Mimi.*

Dieu ! les belles choses,
Muguets, lys ou roses,
Fleurs à peine écloses,
On trouve chez moi !
Ah ! quels verts feuillages,
Quels charmants paysages,
Et quels frais ombrages
Pleins d'un doux émoi !
Est-il sur terre
Plus doux mystère ?
Est-il, pour plaire,
Pareil trésor ?
Sources charmeresses,
Brise enchanteresse
Aux douces caresses ;
Superbe décor !

Le soir, la fauvette
Egaie, la pauvrette,
Son humble retraite...
Le merle moqueur
Chante pour sa reine
— Telle une sirène —
Une cantilène
Aux accents vainqueurs !
Oui, sans réclame,
Je le proclame,
Il n'est, mesdames,
Pareil trésor !
Pour, loin de la ville,
Fuir la foule vile,
Et s'aimer, tranquilles,
Quel plus beau décor !

Couplets du Champ de Foire

Chantés par Mlle DEVILLE.

Air : *La Terre.*

Est-il un endroit plus charmant
  Que l'Champ de Foire ?
Où se rendent bêtes et gens
  Pour la foire ?
Où bonnes d'enfants et nounous
  Font leur poire,
Quand ell's rencontrent des pioupious
  Sur le Champ d' Foire ?

On rencontr' chez moi des gens gris
  Qui vont boire
Tous les soirs à la brasserie
  Du Champ d' Foire ;
Des gigolett's, qui, chastement,
  Vêtues d' moire,
Font de l'œil à tous les passants
  Sur l' Champ d' Foire.

A Noël il vient des forains
  Sur l' Champ d' Foire,
Des lot'ries où l'on joue pour rien…
  Pour la gloire !
Des tirs où y s'pass' très souvent
  Des histoires !
C'est du rest' pour ça qu'on aim' tant
  Le Champ d' Foire.

Quatuor des Refuges

Chanté par M. DEVALAR et Mmes LUXEUIL,
Louise de MURÇAY et JUANA.

Air : *Ousqu'est Saint-Nazaire ?*

Ensemble.   Ousqu'est la lumière ?
  Dieu ! comme il fait noir
    Tous les soirs !

Heureus'ment que monsieur l' Maire
Sait l'moyen d'y remédier !
Inspiré,
Il a fait, pour plaire,
Les refug's — oh ! truc épatant ! —
Mais, bien que le public éclaire,
On y voit moins bien qu'avant ;
Eh bien ! c'est décevant !

1er Refuge. C'est navrant ! On me nargue ; en vain
[mon œil avide
Partout guette un passant ; mon trottoir
[reste vide !

2me Refuge. On dit qu'on y voit moins qu'avant,
Que je n'sers qu'à couper le vent !

La Commère. Je vous plains, pauvr's petits refuges,
De la rigueur de vos juges.

Le Compère. Eh bien ! Et moi ?... Vrai ! j'ai envie
[d'pleurer !

1er Refuge. Voyons ! C'est-il d'notr'faut' si l'on oublie
[d'éclairer ?

2e Refuge. Qu'on appelle à l'aide
Plutôt Monsieur Hedde !

1er Refuge. Afin que, croyant avoir la berlue
Les esprits chagrins ne répètent plus :

Ensemble. Ousqu'est la lumière ?
Dieu ! comme il fait noir
Tous les soirs !
A quoi pens' donc monsieur l'Maire ?
On ne peut plus dir' qu'il est
Inspiré !
Il a fait, pour plaire,
Les refug's — Oh ! truc épatant ! —
Mais, bien que le public éclaire,
On y voit moins bien qu'avant !
Eh bien ! c'est décevant !

Couplets des Mines d'Or

Chantés par Mlle LUXEUIL.

Air : *C'est si gentil la femme.*

Dir' du mal d' la galette,
Il faudrait être fou !
C'est la chos' la plus chouette
De Paris à Moscou !
Aussi les petit's femmes
En sav'nt si bien le prix
Qu'ell's vend'nt..... jusqu'à leur âme
Pour un maravédis !

Refrain.

C'est si bon la galette
Et ça plaît tant à fair' sonner !
A tous ça fait perdre la tête,
Car il n'est rien d'aussi charmant !
Et puis... on n'peut pas s'en passer ;
Car c'est trop bon, c'est trop bon, la galette !

Sacro-sainte galette,
Or tintinnabulant,
De toi pour faire emplette
Que ne font pas les gens ?
On aime tant ta mine
Qu'y a pas longtemps encor
On inventa les mines
— Vous savez — les min's d'or !

Au refrain.

« Courez ! c'est la richesse !
Bons gogos, accourez !
Je vous fais la promesse
Que moi j'en trouverai !
Ne fait's point triste mine !
Car il existe encor
Une excellente mine :
Bons gogos, c'est votre or ! »

Au refrain.

Complainte

Chantée par M. MOTHU.

Air : *Fualdès*.

Ecoutez, gens d'Angoulême,
De Cach'pouill', de France aussi,
Le lamentable récit
D'un crim' d'une audace extrême,
Dont, malgré l'abbé Ross'lot,
On n' sait pas le dernier mot.

Un jour, un' fille ayant tare
Désirait se marier ;
L'apprenant, un employé
Courut l'épouser sans r'*tare !*
Mais ça n'a guèr' réussi
A la femm' ni au mari.

Hélas ! ça n' réussit guère
A Ménaldo, c' pauvr' petit,
Qui quitta le séminaire
Pour voir le pays d' Crispi ;
Car, victim' d'un accident,
Il ne r'vit plus ses parents.

Morale.

La moral' de c't' histoir' louche,
C'est qu'il faut être marquis
Pour cultiver, en fait d' couches,
Non les champignons de Paris,
Mais les couch's... où le mari
Récolt' plus d'or que d' radis !

Couplets de la Poste.

Chantés par M^{ᵐᵉ} GÉRALD et M. DEVALAR.

Air : *Rien, rien, rien.*

La Poste.

Depuis bien longtemps, les braves édiles
Qui si sagement administr'nt la ville
Veul'nt me reconstruire ailleurs ; c'est très bien !
Mais ils ne font rien, rien, rien !

Le Compère.

Voulez-vous qu' j'en parle à monsieur le maire ?
Car je plains vraiment votr' douleur amère !
Et de vos chagrins j' voudrais voir le bout !
Pour ça je f'rais tout, tout, tout !

Rondeau de la Papeterie
Chanté par Mlle GRAZIELLA.

Air connu.

J' suis la papet'rie,
La papet'rie de la Charente,
Je suis l'industrie,
Si prospère, blanche et jolie ;
Rien qu'en le voyant si beau, Messieurs, mon papier
On n' saurait trop louer   [tente ;
Et vanter l' grain de mon papier !

Tous, riches et pauvres, avez besoin de mon office :
Qui diable ici-bas n'a pas de lettre à... griffonner ?
Fumeurs, écrivains, magistrats et gens de police,
Comptables, avoués, enfin tous les... gratte-papier !
Grâce à moi, l'enfant
A l'école apprend à écrire
Ou fait sournois'ment
Des cocottes en me pliant.
Je sers à transmettre au blond amoureux qui soupire,
Ces mots : « M'aimez-vous ? »
Je suis alors le... billet doux.
Sur moi les journaux impriment les faits politiques,
Messieurs les Ministr's me jettent souvent au panier,
Et les députés se jouent des farces diaboliques,
Devinez comment ?... Mais avec les... petits-papiers !

J' suis la papet'rie,
La papet'rie de la Charente ;
Je suis l'industrie,
Si prospère, blanche et jolie ;
Rien qu'en le voyant si beau, Messieurs, mon papier
On n' saurait trop louer   [tente ;
Et vanter l' grain de mon papier !

Couplet de l'Eden

Chanté par Mme FAELLY.

Air : *Héloïse et Abélard.*

Je vous jure que j'ai pas d' chance !
Et c'est pour ça que j' m'amus' pas !
Ah ! plaignez ma trist' malechance !
Aïe, aïe ! ma mère ; aïe, aïe ! papa !
Car depuis qu'on joue la Revue,
Chez moi le public n'afflue pas !
L' directeur n' peut en croir' sa vue !
Aïe, aïe ! ma mère ; aïe, aïe ! papa !

Couplet du Théâtre

Chanté par Mlle GABRY.

Air : *Les Petits Bateaux.*

On me trouve petit ;
Je suis modeste et sans manières ;
Mais, grâce à m'sieu Teyssère,
Jamais ma sall' ne désemplit !

Duo du Compère et de la Commère

Chanté par M. DEVALAR et Mme LUXEUIL.

Air : *La Périchole.*

Le Compère. O ma chère Maud, je te jure
Que je n'aime vraiment que toi !
Comment pourrais-je être parjure,
Et pourquoi doutes-tu de moi ?
N'est-ce pas douter de toi-même ?
Après les serments échangés,
Peux-tu douter, Maud, que je t'aime
Ou croir' que mon cœur ait changé ?
O ma chère Maud, je te jure
Que je veux te suivre partout !
Ne doute plus, je t'en conjure !
Car je t'aime..... à devenir fou !

La Commère.   J'avais tort, oui, je le confesse,
　　　　　　　Cher amant, de douter de toi !
　　　　　　　De grâce, excuse ma faiblesse
　　　　　　　Et ne doute jamais de moi !
　　　　　　　Où cela pourra bien te plaire,
　　　　　　　J'irai — je t'en fais le serment ! —
　　　　　　　Qu'elle soit clémente ou sévère,
　　　　　　　Je suivrai ta loi, cher amant !
　　　　　　　Car je t'aime..... et si je suis folle,
　　　　　　　C'est de toi..... — serments superflus ! —
　　　　　　　Car je t'ai donné ma parole
　　　　　　　De t'aimer !..... Oh ! n'en doute plus !

Chœur des Grues

Chanté par Mlles Louise de Murçay, Gérald,
Duberry et Gabry.

Air : *L'Armée du Salut.*

1re *Grue.*   Nous somm's les petit's grues
　　　　　　Qui s' ballad'nt dans les rues
　　　　　　Pour gagner du pognon
　　　　　　Et s'faire un' position !
　　　　　　Blondes, brun's ou carottes,
　　　　　　Voulant fair' notr' pelote,
　　　　　　Nous offrons aux passants
　　　　　　Nos charm's mûrs ou naissants !

　　　　　　　Refrain.
Ensemble.   Nous somm's les petit's grues
　　　　　　Qui cherchent leur salut, salut !
　　　　　　Aussi dans les revues
　　　　　　Nous chantons le chahut, chahut !

2e *Grue.*   Nous somm's les p'tit's cocottes
　　　　　　Qui cherch'nt à fair' leur p'lote ;
　　　　　　Aussi matin et soir,
　　　　　　On nous voit sur l'trottoir !
　　　　　　Faut pas qu'les femm's honnêtes
　　　　　　Pourtant nous fass'nt la tête !
　　　　　　Car j'en connais beaucoup
　　　　　　Qui font tout comme nous !

　　　　　　　　　Au refrain.

3ᵉ Grue.   Nous somm's les hétaïres
Aimant toujours à rire,
A rire, à cascader ;
Surtout... à fair' casquer !
D'nous n'ayez point envie ;
C'est la lutt' pour la vie !
Si nous avions d'l'argent,
Nous vivrions chastement !

Au refrain.

4ᵉ Grue.   Nous aimons la galette,
Les soupers, les noc's chouettes ;
Pourtant nous n'aimons point
A manger... du lapin !
Voilà tout notr' programme :
C'est celui d'honnêt's femmes ;
Aussi, vous vot'rez tous
Ce soir, messieurs, pour nous !

Au refrain.

Duo des Pigeons voyageurs

Chanté par Mˡˡᵉˢ DEVILLE et LYNDA.

Air : *L'Amour mouillé.*

1ᵉʳ Pigeon.   Allons, messieurs, donnez car le temps
[presse.
Donnez-nous vit' vos lettres, vos billets,
Et nous remettrons sans délai
Vos missives à leur adresse.

2ᵉ Pigeon.   Si vous voulez, nous reviendrons encore
Demain, si vous avez besoin de nous,
Et nos roucoulements bien doux
Eveilleront l'écho sonore.

Couplets de la voiture auto-mobile

Chantés par Mlle JUANA.

Air : *C'est la Fille à ma Tante.*

C'est sur l'automobile
Qu'on n' se fait pas de bile,
   Ah! ah! ah! ah!
C'est sur l'automobile
Qu'il faut qu'on roule, on file ;
Et qu'on va de l'avant,
   Ah ! ah! ah! ah!
Plus vite que le vent!
Pas besoin de pédales,
De chevaux, de cavales,
Pour filer, pour courir ;
C'est ça qui fait plaisir !
   Ah! ah! ah! ah!
On peut filer, courir,
   Ah! ah! ah! ah!
C'est ça qui fait plaisir !

C'est sur l'automobile
Que le plus inhabile
   Ah! ah! ah! ah!
C'est sur l'automobile
Que le plus inhabile
Peut aller de l'avant,
   Ah! ah! ah! ah!
Sans crainte d'accident !
C'est sur l'automobile
Qu'on ne s'fait pas de bile,
On peut même... y dormir !
Ça fait toujours plaisir !
   Ah! ah! ah! ah!
On peut même... y dormir !
   Ah! ah! ah! ah!
Ça fait toujours plaisir !

Couplets des Bicyclistes

Chantés par Mlles GRAZIELLA et GÉRALD.

Air : *Le Véloc'man.*

1re *Bicyclette.* Il faut nous voir sur l'avenue,
Sans nulle trêve pédaler ;
Cheville fine et jambe nue,
Il faut nous voir nous cavaler !
De l'éléganc' nous sommes reines,
Tout le mond' nous trouv' dans le train ;
Aussi, sans trêve, à perdre haleine,
Nous entonnons ce gai refrain :

    Folle jeunesse,
    Va de l'avant,
    Avec adresse
    Va comm' le vent !
    Menons de front
    Avec aplomb
    L'amusement.
Roule, va, roul' sans perdr' la boule,
    Et l'sentiment !
    Va de l'avant,
    Toujours chantant.
    Va de l'avant !

Couplets de la Chanteuse des cours

Chantés par Mlle MARIE DE MURÇAY.

Air : *La Gigolette.*

Ainsi qu'autrefois les trouvères,
    Par vaux et par monts,
Vêtus comme de pauvres hères,
    Nous déambulons !
C'est pour nos braves militaires
    Qui, sans fair' d' façons,
Au loin s' font casser la caf'tière,
    Que sont nos chansons !

Refrain.

Dans les carr'fours m'avez-vous vue,
Ou bien dans les cours des maisons ?
Nous sommes de très chics garçons !
Et, quand on nous voit dans la rue,
Pour nous applaudir on se rue !
Jetez, Messieurs, louis et centimes ;
    Nous les remettrons
Aux dam's français' — c'est pas d' la frime —
    Quand nous rentrerons !
Vous pouvez j'ter — sans craindr' votr' peine —
    Les sous ou l'argent !
Nous n' dirons point qu' la cour est pleine....
    Jetez-en tout l' temps !

                Au refrain.

Final

Chanté par Mlle LUXEUIL.

Air : *Le Père La Victoire.*

Amis, saluons ces enfants
    Qui surent porter haut
    En Afriqu' notr' drapeau !
Pour eux la guerr' c'est le bon temps !
    Ils n'aiment que combats,
    Que batailles et branle-bas !
La fusillad', le gai bruit du canon
    Et le son de la trompette
    Leur mettent folie en tête
Et les grisent d'une folle façon !...
    Mais le bruit enchanteur
    Qui seul nous fait battre le cœur,
    Plan, ra, ta, plan ! ra, ta, plan !
    De la victoir' c' sont les accents !

Refrain.

    Vous vainquit's les Hovas !
    A vos triomphes il faut boire !
    Venez, vaillants soldats,
    Chanter, célébrer la victoire !

Loin des Hovas,
Superbes soldats,
Célébrons tous votre vaillance !
Vous ét's l'espérance !
Chantons, enfants,
Vos succès éclatants !

Couplet au Public

Chanté par Mlle LUXEUIL.

Air : *Il pleut des baisers.*

Mesdames, messieurs, c'est le moment
De quitter ce public charmant !
Excusez si j' suis indiscrète !....,
— L'émotion me fait perdr' la tête ! —
Mais il est un bienfait dernier
Que j' vous prie de nous octroyer,
C'est le succès, si cher à tous,
Mes bons messieurs, accordez-l'-nous !
    Vos bravos flatteurs,
    C'est notre seule envie ;
    Applaudissez sans peur !
    Notre âm' s'ra ravie !
    Qu'il pleuv' des bravos,
    Bien nourris et bien chauds !
Et, si vous ét's contents,.... demain,
Nous vous le revaudrons, c'est certain !

FIN.

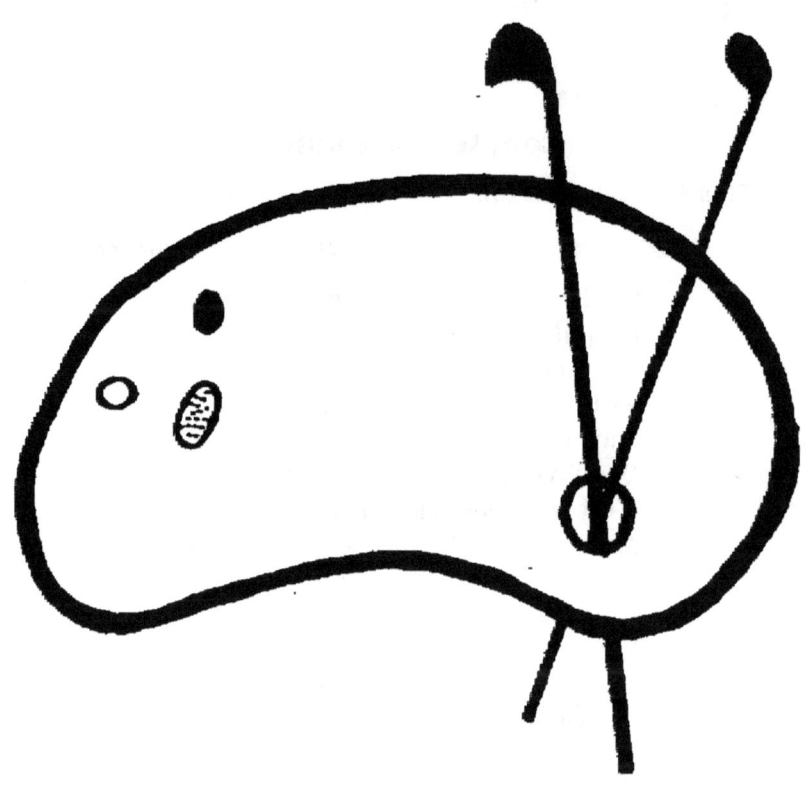

ORIGINAL EN COULEUR
NF Z 43-120-8

MAISON LABESSE

FAUCHER, FAYE & Cie

SUCCESSEURS

Rue du Marché, 19

et rue d'Arcole 1, 3, 5, et 7

SPÉCIALITÉ DE VÊTEMENTS ET CHEMISES

SUR MESURES

TOILERIE, DRAPERIE, NOUVEAUTÉS

BRASSERIE VIENNOISE

FELDINGUT et Cie, Angoulême

BIÈRE BOCK DE CONSERVE

———⋅⋅⋅⋅———

GRAND CAFÉ BRASSERIE

Place du Champ-de-Mars

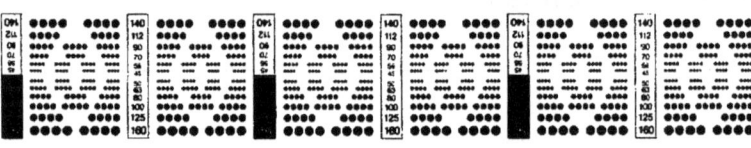

www.ingramcontent.com/pod-product-compliance
Lightning Source LLC
Chambersburg PA
CBHW070542050426

42451CB00013B/3138